HOMELIE IX.

POUR LE DIXIÉME DIMANCHE D'APRÉS LA PENTECÔTE, SUR LE PHARISIEN ET LE PUBLICAIN

Par M. le Curé de S. Sulpice.

A PARIS,
Chez RAYMOND MAZIERES, ruë S. Jacques, prés la ruë du Plâtre, à la Providence.

M. DCCVI.

AVEC APPROBATION ET PRIVILEGE DU ROY.

TEXTE
DU
SAINT EVANGILE
SELON SAINT LUC.

EN ce temps-là, Jeſus dit cette parabole à quelques-uns qui ſe confioient en eux-mêmes comme juſtes, & qui mépriſoient les autres : Deux hommes monterent au Temple pour y prier ; l'un étoit Phariſien, & l'autre Publicain. Le Phariſien ſe tenant droit prioit ainſi en lui même : Mon Dieu je vous rends graces de ce que je ne ſuis pas comme le reſte des hommes, qui ſont voleurs, injuſtes, adulteres, ny auſſi comme ce Publicain. Je jeûne deux fois la ſemaine, je paye la dixme de tout ce que je poſſede. Le Publicain au contraire ſe tenant bien loin, n'oſoit pas ſeulement lever les yeux au Ciel ; mais il frappoit ſa poitrine, diſant : Mon

Dieu, ſoyez-moy propice à moy pauvre pecheur. Je vous déclare que celui-cy s'en retourna en ſa maiſon juſtifié, & non pas l'autre. Car quiconque s'exalte ſera humilié ; & quiconque s'humilie ſera exalté. *Luc chap.* 18. *verſ.* 6.

HOMELIE NEUVIÉME

SUR

LE PHARISIEN ET LE PUBLICAIN.

LA parabole, ou peut-être l'hiſtoire dont vous venez d'entendre la lecture, mes tres-chers freres, eſt une de celles qui ne ſont ignorées de perſonne, & qui ſont plaiſir à tout le monde. Contradiction étrange ! Tous les hommes ſont ſuperbes, & tous les hommes haïſſent les ſuperbes, & preſque tous les hommes ont une ſecrete joye quand ils voyent humilier un ſuperbe : de là vient que les plus orgueilleux affectent de paroître modeſtes : & que la ſuperbe, dit un Pere, ſe trouve elle-même ſi laide, & ſi choquânte, qu'elle n'oſe paroître en public que ſous le maſque de l'humilité, la mieux reçûë & la plus rare des vertus : en effet on trouve bien des perſonnes ſobres, continentes, charitables, détachées &

détrompées du monde ; mais où trouver quelqu'un d'une pieté aſſez ſolide & aſſez éclairée, qui ſans ſe laiſſer ébloüir par ſon amour propre, ne cherche ni la loüange ni l'eſtime des creatures ? qui ne s'attribuë rien dans l'ouvrage de ſa ſanctificatoin que ce qu'il y a de defectueux ? qui renonce par principe de religion aux premieres places, & qui regarde ſans envie & ſans chagrin la preference qu'on fait des autres à lui ? l'homme tout vain qu'il eſt, ſe connoît ſi peu en grandeur, qu'il ne comprend pas qu'il n'y a rien de ſi grand que l'humilité, laquelle comme ſuperieure aux dignitez les plus relevées, toûjours deſireuſes de monter plus haut, & parconſequent toûjours baſſes, ne ſçait ce que c'eſt que de ſonger à s'élever davantage, tant elle eſt haute, dit ſaint Ambroiſe : *Nihil excelſius humilitate, quæ tanquam ſuperior neſcit extolli.*

Le Phariſien de nôtre Evangile eſt une bonne preuve de cette verité : ſon orgueil étoit d'un caractere particulier ; c'etoit une pieté arrogante, choſe infiniment odieuſe à Dieu & aux hommes, *odibilis coram Deo & hominibus ſuperbia*, dit le Sage : il portoit ſon orgueil juſqu'aux Autels, aux pieds deſquels il ne s'abaiſſoit même pas, *ſtans orabat.* Auſſi le texte ſacré nous dit que le Sauveur adreſſa cette parabole, non indifferemment à tout le monde, ni à toutes ſortes de pecheurs, mais à certains orgueilleux d'une eſpece ſinguliere : *dixit autem ad quoſdam :* les Peres de la vie ſpirituelle enſeignent qu'il y a trois ſortes de ſuperbes : la ſuperbe animale, la ſuperbe humaine, la ſuperbe diabolique. La ſuperbe animale, diſent-ils, conſiſte à se glorifier de sa force, de sa grandeur, de sa beauté, de son courage, & de semblables qualitez corporelles qui nous sont communes avec les bêtes, & qui souvent s'y trouvent dans un plus haut degré que dans l'homme. *La superbe humaine*, consiste à se glorifier de sa noblesse, de sa science, de son éloquence, de ses richesses & de ses autres avantages que les méchans & les infidelles possedent souvent plus éminemment que les gens vertueux. *La superbe diabolique* consiste à se complaire dans sa prétenduë piété, à croire qu'on est plus vertueux que les autres, plus éclairé, plus saint, plus parfait, telle étoit celle du Pharisien de nôtre Evangile : telle fut celle du demon dans le Ciel, lorsqu'enyvré d'amour & d'estime de sa propre excellence, il osa s'égaler au Saint des Saints : c'est donc à ces sortes de superbes que le Fils de Dieu adresse sa parole aujourd'hui : *dixit autem ad quosdam qui in se confidebant tanquam justi* : & qui exempts des vices grossiers & charnels, se laissent corrompre aux vices spirituels & diaboliques, *superbia natione cœlestis cœlestes animos appetit*, dit un Pere : nous l'allons voir dans cet exemple celebre de nôtre Pharisien : il étoit aggregé dans une espece de Congregation reformée de ce temps-là, où l'on faisoit une profession expresse d'une pieté plus épurée, & d'une vie plus austere que celle du commun des Juifs : d'où vient donc qu'il pria & qu'il ne fut pas écoûté du Seigneur ? car si nous ne regardons que l'écorce de l'Evangile, nous aurons de la peine à en trouver la raison : qu'est-ce qu'on y sçauroit blasmer ? premierement on ne peut pas dire qu'il se vantoit de faire de bonnes œuvres, & qu'il n'en faiſoit pas : il parloit à lui-même, il ne le diſoit qu'à lui-même ; s'il l'eût dit à d'autres, la choſe eût paru ſuſpecte. Mais il n'y a nulle apparence qu'un homme ſe mente à ſoi-même, quel profit lui en reviendroit-il, qu'elle conſolation, quel honneur ? de plus il ne le diſoit qu'à Dieu ſeul qui connoît toutes choſes comme elles ſont, comment eût-il oſé lui mentir, lui impoſer, & ſe faire un merite auprés de lui d'une choſe fauſſe ? il paroît donc qu'il étoit tel qu'il ſe dépeignoit, & que ſon portrait étoit au naturel. *Phariſæus hæc apud ſe orabat.*

En ſecond lieu veut-on le blaſmer de ce qu'il ſe faiſoit auteur des biens qu'il avoit ? mais il reconnoiſſoit les tenir de Dieu, puiſqu'il lui en rendoit graces ? *Deus gratias ago tibi.*

Troiſiémement eſt-ce à cauſe qu'il condamnoit le Publicain, & qu'il renonçoit à tout commerce avec lui ? mais le Prophete ne diſoit-il pas qu'il haïſſoit les pecheurs, *iniquos odio habui*, & qu'il leur défendoit de s'approcher de lui ? *declinate à me maligni.*

Enfin eſt-ce parce qu'il faiſoit une énumeration de ſes vertus ? Mais que n'a pas dit de lui le ſaint homme Job ? qu'il s'étoit revêtu de la juſtice, *juſtitia indutus ſum :* qu'il avoit été le pere des pauvres : *Pater eram pauperum :* qu'il avoit fait un pacte avec ſes yeux de ne regarder jamais aucun objet défendu, & pluſieurs autres éloges ſemblables. Que ne dit pas de lui-même le Prophete Roy ? qu'il ſe complaiſoit dans l'innocence de ſon cœur : *perambulabam in innocentia cordis mei :* qu'il ne ſe propoſoit jamais rien d'injuſte : *non proponebam ante oculos meos rem injuſtam :* qu'il étoit ſaint,
&

& par cette raiſon qu'il prioit le Seigneur de le conſerver : *cuſtodi animam meam quoniam ſanctus ſum.* Que ne dit pas l'Apôtre ſaint Paul de ſes vertus , de ſes travaux, de ſes ſouffrances, de ſes revelations ? qu'il a été perſecuté pour Jeſus-Chriſt , empriſonné , flagellé, lapidé, qu'il eſt ſeur d'obtenir la couronne de juſtice , qu'il a été ravi juſqu'au troiſiéme Ciel, & qu'il y a vû des choſes qu'il n'eſt pas permis de dire ſur la terre ? Pourquoi donc le Phariſien ſera-t-il coupable pour en avoir moins dit ? pourquoi ſon oraiſon ne ſera t-elle pas écoûtée ? mais quoi, Dieu regarde le cœur, & non les paroles. Le ſaint Penitent & Prophete David, ne dit que ces deux mots : j'ai peché au Seigneur : & ſon peché lui fut remis : Antiochus, gemit, promet & crie , & tout cela lui eſt inutile. L'enfant prodigue confeſſe ſon égarement, ſon pere lui pardonne. Judas publie ſon crime, il declare qu'il avoit trahi le ſang innocent, il eſt perdu. Le cœur de Job, de David, de S. Paul en declarant leurs dons & leurs vertus étoit plein de reconnoiſſance & d'humilité, celui du Phariſien en étalant ſes bonnes œuvres, ne reſpire qu'amour propre & qu'orgueil : il ſe complaiſt en lui-même, & il deplait à Dieu : *non placebat Deo, ſed ſibi* : il remercie le Seigneur, mais d'une maniere hautaine, *ſuperbè gratias agit.* David raconte les graces qu'il a reçûës du Seigneur, mais ce recit vient d'un fonds de reconnoiſſance & non de préſomption : *non eſt ſuperbia elati , ſed confeſſio non ingrati* : je ſuis ſaint, diſoit-il à Dieu, mais c'eſt parce que vous m'avez ſanctifié : *Sanctus ſum , quia ſanctificaſti me* : j'ai des biens à moi, parce que je les ai reçûs de vous ,

& non parce que je les ai tirez de moi : *quia accepi, non quia habui :* parce que vous me les avez donnez, & non parce que je les ai meritez : *quia dedisti, non quia ego merui.* Toute cette doctrine est le fruit des lumieres & de l'humilité de saint Augustin. Mais le Pharisien s'attribuë toute la gloire de ses vertus, & ne s'en croit redevable qu'à lui-même : car s'il croyoit ne les tenir que de la bonté gratuite du Seigneur, & non de son merite propre : pourquoi s'en glorifieroit-il comme s'il ne les avoit pas reçûs ? *si autem accepisti, quid gloriaris, quasi non acceperis?* pourquoi mépriseroit-il son frere qui ne les avoit pas, puisqu'il pouvoit les recevoir de celui qui les lui avoit données à lui-même, lorsqu'il ne les méritoit pas ? David haïssoit le pecheur, mais c'étoit d'une haine parfaite : *perfecto odio oderam illos.* Haïr le pecheur de cette sainte haine, c'est haïr le peché, & non le pecheur : c'est haïr l'ouvrage du pecheur, & non l'ouvrage du Seigneur : c'est ne haïr pas l'homme à cause de son peché, & tout ensemble n'aimer pas le peché à cause de l'homme : telle est cette haine parfaite. *Quid est perfecto odio? oderam in eis iniquitates eorum, diligebam conditionem tuam. Hoc est perfecto odio odisse, ut nec propter vitia homines oderis, nec vitia propter homines diligas*, dit saint Augustin : le Pharisien étoit bien éloigné de cette pureté de sentimens, son orgueil détruisoit d'une main, ce que sa pieté édifioit de l'autre, dit saint Augustin : *quia quod justitia ædificaverat, superbia destruebat.* Il faisoit de bonnes œuvres, il est vrai, mais il s'en vantoit : & c'étoit assez pour en perdre le fruit, dit saint Ambroise : *omnis qui se exaltat, etiamsi vera dicat, offendit.* Quand même tout le bien qu'il diſoit de lui eût été vrai, la ſuperbe n'étoit-elle pas un crime? *ipſa ſuperbia crimen erat*, ajoûte ſaint Auguſtin; il offroit au Seigneur de bonnes œuvres exterieures, mais elles étoient deſtituées d'interieur: elles n'étoient pas ſemblables à celles qu'offroit le Prophete quand il diſoit: *holocauſta medullata offeram tibi.* Seigneur je vous offrirai des victimes dont les os ſeront remplis d'un interieur religieux, comme d'une moëlle myſterieuſe: *Quid eſt offeram holocauſta medullata? intus teneam charitatem tuam non in ſuperficie, in medullis meis erit quod diligo te.* Les os des victimes que le Phariſien offroit n'étoient remplis que du vain deſir de plaire aux hommes: le Seigneur briſera de tels os, il découvrira l'interieur de l'hypocrite, ce vain deſir qu'il a eu de l'eſtime des hommes, ſera puni par le mépris que le Seigneur fera de lui: *Quoniam Deus diſſipavit oſſa eorum qui hominibus placent, confuſi ſunt quoniam Deus ſprevit eos.* Briſons donc ces os de Phariſien, c'eſt à dire, ſes vertus apparentes & ſuperficielles, & voyons ce vuide trompeur pour lequel ſa priere ne fut pas admiſe, ni ſon holocauſte reçûë en odeur de ſuavité.

PREMIERE CONSIDERATION.

La priere du Phariſien fut rejettée, parce que dans l'exercice de la pieté qui demande le plus d'humilité, il fit paroître le plus de ſuperbe.

En effet l'oraiſon n'eſt eſſentiellement qu'une humble declaration que nous faiſons à Dieu de notre méchanceté, de notre infirmité, de notre indigence, de nos tribulations, & de nos angoiſſes: c'eſt un aveu

& une expoſition de notre miſere, & de l'impuiſſance où nous ſommes de nous ſecourir, & de nous délivrer nous-mêmes ; c'eſt une reconnoiſſance que nous faiſons, que c'eſt de Dieu ſeul que nous attendons du ſecours & du remede. La Theologie nous apprend que la vertu de religion a cinq actes excellens par leſquels nous honorons le Seigneur. L'adoration, l'oblation, le ſacrifice, la priere & le vœu. *Par l'adoration* nous nous proſternons devant Dieu comme devant celui qui nous a donné l'être, qui nous le conſerve, qui peut nous l'ôter : nous confeſſons qu'il eſt nôtre ouvrier, & que nous ſommes ſon ouvrage, qu'il eſt nôtre Createur, & que nous ſommes ſa creature : & nous lui faiſons hommage de nôtre être & de nôtre vie. *Par l'oblation* nous faiſons une offrande à Dieu de tout ce que nous ſommes & de tout ce que nous avons, confeſſant que nous le tenons de lui. *Par le ſacrifice* nous honorons Dieu comme l'arbitre ſouverain de la vie & de la mort. *Par le vœu* nous nous portons vers lui comme vers le terme de nos deſirs, comme vers nôtre derniere fin : ainſi que nous l'avons reconnu par l'adoration comme notre premier principe : enfin *par la priere* nous nous adreſſons à Dieu comme à la ſource de tous biens : & c'eſt ce que ne faiſoit pas le Phariſien, car,

1o. Il ne demande pas la remiſſion de ſes pechez, objet principal de la priere de l'homme ſur la terre. Le juſte, dit l'Ecriture, ouvrira ſa bouche dans la priere, pour obtenir de Dieu le pardon de ſes iniquitez : *aperiet os ſuum in oratione, & pro delictis ſuis deprecabitur.* Celui qui aime le Seigneur, le priera pour la remission de ses fautes, & il puisera dans l'oraison la force de se contenir dans les bornes de la justice : *qui diligit Deum exorabit pro delictis, & continebit se ab illis.* Le méchant serviteur de l'Evangile obtient la remission de toutes ses dettes, parce que prosterné aux pieds de son maître il lui demande grace : *omne debitum dimisi tibi, quia rogasti me.* Rien de semblable dans le Pharisien, il fait parade de sa santé, *de sua sanitate gloriabatur ;* & il cache ses playes au medecin, ou il ne les sent pas : il ne recevra pas la guerison : *& cùm se sanum diceret, non descendit curatus : jactabat Pharisæus merita sua & tegebat vulnera sua.* Quoi, continuë S. Augustin, cette vie n'est donc plus pour vous un lieu de tentation ; vous n'avez donc plus besoin de dire : pardonnez-moi mes pechez ? *ergo non est tentatio vita humana super terram? Ergo jam non est quare dicas, dimitte nobis debita nostra?* Mais voici une autre circonstance qui marque sa secrete présomption.

2°. Il ne demande pas du secours contre les tentations ausquelles l'homme est sans cesse ici bas sujet, il ne dit pas avec le saint homme Job : qu'il est destitué de force pour y resister. *Ecce non est auxilium mihi in me :* vrai enfant d'Adam, qui ne pria pas pour obtenir la victoire contre le serpent, il ne songea pas que cette vie est une milice continuelle, & qu'on succombe même dans les moindres combats, si l'on n'éleve les mains continuellement au Ciel : *orate ne intretis in tentationem.*

3°. Il ne demande pas la grace du Seigneur, ni la force de garder les commandemens : ni le don de la perſeverance, qui ne s'accorde qu'à la priere : il ne remercie point Dieu de ce qu'il l'a prévenu de ſes benedictions & preſervé d'un nombre infini de crimes dans leſquels il ſeroit tombé ſans le ſecours de ſa toute puiſſante & toute gratuite miſericorde : il ne dit point avec le Prophete : Seigneur à vous toute ſainteté, & à moi toute confuſion. *Domino noſtro juſtitia, nobis autem confuſio faciei :* il croit n'être redevable de ſa juſtice qu'à lui-même, il n'attend rien d'ailleurs : il ne dit point : Seigneur, mes vertus ſont vos dons : *bona mea dona tua :* & quand vous couronnez mes merites, vous couronnez vos preſens : *Deus cùm coronat merita noſtra, non coronat niſi munera ſua :* ce premier Pelagien de la loi nouvelle étoit bien éloigné de ces humbles ſentimens, il inſinuoit déja par ſa conduite cette arrogante & deteſtable maxime qui dans la ſuite devoit infecter tant de monde : Dieu m'a fait homme, mais je me ſuis fait ſaint : *Deus me hominem fecit, juſtum ipſe me facio :* tout ceci eſt de ſaint Auguſtin.

4°. Il ne demande pas le ſecours d'enhaut pour ſouffrir patiemment & faire un bon uſage des tribulations & des angoiſſes, quoique continuelles dans cette vallée de larmes, & qui nous accablent ſi nous n'avons recours à la priere, & ſi nous n'imitons le Prophete affligé qui diſoit, *ad Dominum cùm tribulater clamavi, & exaudivit me.* Il ſemble ſe flatter qu'il trouvera en lui-même une reſſource à toute ſorte d'infortunes : & que l'indigence, ſoit temporelle, ſoit ſpirituelle, ne frappera jamais à ſa porte, ou qu'elle ne l'obligera pas de frapper à la porte du Seigneur : il ignoroit cette belle parole, *omnes quando oramus mendici Dei ſumus ad januam magni patris familias ſtamus.*

5°. En un mot il ne demande rien : examinez toutes ſes paroles, dit ſaint Auguſtin, & vous en ſerez ſurpris : *quid rogavit Deum quære in verbis ejus & non invenies.* Il eſt plein, il eſt opulent, il n'a aucun beſoin : *nihil rogat, jam plenus eſt, abundat : quaſi ſaturatus eructabat :* continuë ce Pere, *totum te habere dixiſti, nihil tanquam egenus petiſti, quomodo ergo orare veniſti ?* Il trouve tout en lui-même : il ne voit pas qu'on puiſſe ajoûter quelque choſe à ſes perfections : *nihil ſibi addi cupiebat*, n'eſt-ce pas là le peché de l'Ange orgueilleux, qui prétendoit vivre indépendant, & ſe ſuffire à lui-même ? N'eſt-ce pas accomplir par avance ce que nous liſons dans l'Apocalypſe : vous dites : je ſuis riche, je ſuis comblé de biens, & je n'ai manque de quoi que ce ſoit : *quia dicis, quod dives ſum & locupletatus, & nullius egeo*, & vous ne ſçavez pas, *ô dives exaniende*, s'écrie ſaint Auguſtin, que vous êtes malheureux, & miſerable, & pauvre, & aveugle, & nud : *& neſcis quia tu es miſer, & miſerabilis, & pauper, & cæcus, & nudus.* Tel étoit le Phariſien, & telle étoit ſa priere.

Que ſi vous en examinez toutes les autres circonſtances, vous n'en trouverez aucune qui ne reſpire un air inſupportable de vanité : car,

1°. Il eſt le premier par tout, il paroît le premier à tout ; caractere de l'homme ſuperbe, qui veut être à la tête de tout, occuper le premier rang par tout : malheur à vous, ô Phariſiens, leur diſoit le Docteur par excellence de l'humilité, qui voulez avoir les premieres places dans les feſtins, les premieres chaires dans les Sygnagogues, être saluez dans les places publiques, vous mettre sur le pied d'hommes extraordinaires & de personnes rares : *amant autem primos recubitus in cœnis, & primas cathedras in Synagogis, & salutationes in foro, & vocari ab hominibus Rabbi.* Le nôtre étoit tel : il est nommé le premier, il monte au Temple le premier, il prie le premier : *duo homines ascenderunt in Templum ut orarent, unus Pharisæus : Pharisæus orabat.*

2°. Il se confioit en lui-même, il se reposoit sur sa propre vertu : *dixit ad quosdam qui in se confidebant :* quelle témerité ! ne devoit-il pas s'attendre à une chute déplorable appuyé sur un si fragile fondement. Semblable en cela au demon qui disoit : Je monterai enhaut, & je poserai mon trône sur les nuées : *super altitudinem nubium exaltabo solium meum ?* Comment un trône eut-il pû se soûtenir assis sur une telle fumée de vanité ?

3°. Il prioit chez lui, pour s'exprimer avec le texte sacré, *apud se orabat*, comme dans un sanctuaire tranquille qui n'étoit neanmois orné que du tableau de ses prétenduës vertus, & qui ne retentissoit que de ses propres loüanges : qu'il étoit juste, qu'il ne prenoit point le bien d'autrui, qu'il n'étoit ni luxurieux, ni voleur : qu'il jeûnoit frequemment : qu'il donnoit la dixme de ses revenus au Temple : qu'il n'étoit point comme le reste des hommes, ni comme les Publicains : *ascendit orare, noluit Deum rogare, sed se laudare :* dit saint Augustin. C'est dans le sanctuaire de son cœur plein d'amour propre & de complaisance, qu'il étaloit ainsi ses richesses spirituelles : telles étoient

étoient ſes Hymnes & ſes Cantiques : ne ſçachant pas, Seigneur, que celui qui fait l'énumeration de ſes mérites, ne fait que l'énumeration de vos dons : *quiſquis enumerat merita ſua, quid tibi enumerat, niſi munera tua?* mais pour les grandeurs de Dieu, pour ſes bienfaits & ſes perfections : grand ſilence, il n'en diſoit pas un mot : il étoit tout en lui : *apud ſe orabat :* il n'imitoit pas le Prophete, qui tranſporté hors de lui-même, diſoit à Dieu : J'ai élevé mon ame vers vous, ô Seigneur, qui habitez dans les cieux : *ad te levavi animam meam, qui habitas in cœlis :* il ne ſçavoit pas qu'il ne trouveroit chez lui que de la miſere, & qu'il ne trouveroit la miſericorde que chez le Seigneur : *quia apud Dominum miſericordia, & copioſa apud eum redemptio :* autrement, Seigneur, diſoit ſaint Auguſtin, ſi vous voulez être toûjours juge, nous ſerons toûjours criminels. *Nam ſi judex ſolùm eſſe velles, & miſericors eſſe nolles, quis ante te ſtaret?* il ſe confioit peut-être qu'il trouveroit en lui de bonnes penſées, pour s'entretenir dans l'oraiſon, mais c'étoit bien mal à propos, puiſque perſonne n'en eut jamais de plus dangereuſes : *apud ſe orabat.*

4°. Il ſe reputoit un grand Saint, *in ſe confidebant tanquam juſti :* quelle aveugle préſomption ! il ne ſentoit point qu'il étoit né pecheur comme les autres, enclin au mal comme les autres : qu'il n'étoit pas capable par lui-même d'avoir la moindre bonne penſée, de produire le plus foible deſir, de prononcer un mot utile au ſalut : de faire le moindre bien : qu'il avoit pour cela beſoin de trois ſortes de ſecours d'enhaut, qui le prévinſſent, qui le

fortifiaſſent, & qui achevaſſent en lui la bonne œuvre: qu'il n'avoit aucun mérite par lui-même: qu'en ce monde les plus juſtes ne peuvent ſçavoir certainement s'ils ſont dignes de haine ou d'amour : que quand même ils ſeroient ſeurs d'être en la grace du Seigneur, rien n'eſt plus aiſé à perdre que ce treſor ineſtimable, rien n'eſt plus difficile que de le recouvrer quand on l'a perdu : qu'il n'y a aucun peché que faſſe un homme qui ne puiſſe être fait par un autre homme, s'il eſt délaiſſé de celui qui a fait l'homme. Que quand même il eût eu en lui des perfections, elles étoient mêlées de tant de défauts qu'il pouvoit bien dire avec un Saint auſſi humble que grand: mes biens ne ſont ni veritablement biens ni veritablement miens : mais pour mes maux, ils ſont veritablement maux & veritablement miens: qu'enfin quand il eût été ravi juſqu'au troiſiéme ciel, comme un ſaint Paul, il devoit encore craindre avec lui d'être un réprouvé. L'orgueil cachoit toutes ces grandes veritez à nôtre Phariſien. Il ſe croyoit Saint, *in ſe confidebant tanquam juſti*. Tout ſon malheur fut de ne s'être pas cru pecheur, & il ne fut pecheur qu'à cauſe qu'il ſe mit au rang des Saints.

5°. Il ſe regardoit comme au deſſus du reſte des mortels: *non ſum ſicut cæteri hominum*: quel horrible orgueil n'eſt pas contenu dans ce peu de paroles, dit ſaint Auguſtin ? *quantum ſe extollit, cùm dicit, non ſum ſicut cæteri hominum!* il ne lui ſembloit pas être fait comme les autres hommes, dit-il, & avec raiſon, puiſque par ſon orgueil il s'étoit fait ſemblable aux demons, exempts de vices charnels, & remplis comme lui de vices ſpirituels. Il ſe flatoit d'être infiniment au deſſus des pecheurs, & le Publicain va dans un moment lui être preferé. *Deſcendit hic juſtificatus ab illo.* Enflé de la qualité d'enfant d'Abraham, il s'eſtimoit avec les autres Phariſiens d'une nature ſuperieure au reſte du genre humain, *non ſum ſicut cæteri hominum:* & le divin Précurſeur diſoit aux Phariſiens, ſerpens, race de viperes, faites de dignes fruits de penitence, ſi vous ne voulez être extirpez de cette ſouche illuſtre dont la cognée eſt preſte de vous ſeparer: *videns autem multos Phariſæorum ad baptiſmum ſuum dixit eis: progenies viperarum, quis demonſtravit vobis fugere à ventura ira? facite ergo fructus dignos pœnitentiæ, & ne velitis dicere intra vos: Patrem habemus Abraham. Jam enim ſecuris ad radicem poſita eſt.* Il ſe croyoit élevé en grace par deſſus les autres, & le Fils de Dieu lui prédiſoit & à ſes ſemblables, que les Publicains, & les femmes proſtituées les précederoient au royaume des cieux. *Publicani & meretrices præcedent vos in regnum Dei.* Il ſe promettoit déja une place à la table du Seigneur dans le Ciel, & le Seigneur lui prédiſoit qu'il verroit un jour les Gentils qu'il mépriſoit tant, aſſis à ſa table, & que lui avec ſes ſemblables ſeroient chaſſez de la ſalle du banquet, *vos autem expelli foras.* Le Phariſien ne rabattoit rien de ſon orgueil malgré tant de vûës humiliantes, comment donc pouvoit-il n'élevant pas enhaut ſa miſere faire deſcendre en bas la miſericorde? *Aſcendit deprecatio & deſcendit miſeratio.*

6°. Ajoûtez à cela cet eſprit de ſingularité renfermé dans ces paroles, je ne ſuis pas comme le reſte des hommes, *non ſum ſicut cæteri hominum:* car le caractere propre du superbe, c'est d'aimer la distinction, jusqu'à ne vouloir aucun compagnon, ni égal : *ut unus omnibus antecellat*, dit S. Augustin, & de tendre à l'unité, jusqu'à vouloir être seul, c'est à dire, sans personne qui ne lui cede en rang & en autorité : *habet enim ista superbia quemdam appetitum unitatis & omnipotentiæ*, continuë ce même Pere. Ainsi nôtre Pharisien se mettoit au dessus de tous les autres hommes : *non sum sicut cæteri hominum*, nul n'étoit comparable à lui : ni tous en general, ni aucun en particulier, *sicut etiam hic Publicanus :* encore s'il eut dit : Je ne suis pas comme plusieurs autres : *diceret saltem sicut multi homines :* mais il prononce hardiment que tous les autres hommes sans exception sont des pecheurs, & que lui seul est juste, *quid est cæteri homines, nisi omnes præter ipsum? Ego, inquit, justus sum, cæteri peccatores :* il tendoit secretement à être comme Dieu, un par excellence : car, selon l'Ange de l'école, *Deus est maximè unus :* & aucun enfant d'Adam ne fut plus que lui atteint de cette maladie du genre humain, de multiplier la divinité, & de lui ravir son unité : *eritis sicut dii.*

SECONDE CONSIDERATION.

LA priere du Pharisien fut rejettée, parce que dans l'acte de la religion où la charité doit le plus reluire, il en fit paroître le moins : en effet les premieres paroles de nôtre Evangile nous montrent bien par avance que nous n'en devons gueres esperer dans la suite : *deux hommes*, dit le Sauveur, montoient au Temple pour prier : *duo homines ;* or pour être exaucé il ne faut être qu'un, c'est l'unité qui prie, c'est l'unité qui im-

lui de vices ſpirituels. Il ſe flatoit d'être infiniment au deſſus des pecheurs, & le Publicain va dans un moment lui être preferé. *Deſcendit hic juſtificatus ab illo.* Enflé de la qualité d'enfant d'Abraham, il s'eſtimoit avec les autres Phariſiens d'une nature ſuperieure au reſte du genre humain, *non ſum ſicut cæteri hominum:* & le divin Précurſeur diſoit aux Phariſiens, ſerpens, race de viperes, faites de dignes fruits de penitence, ſi vous ne voulez être extirpez de cette ſouche illuſtre dont la cognée eſt preſte de vous ſeparer: *videns autem multos Phariſæorum ad baptiſmum ſuum dixit eis: progenies viperarum, quis demonſtravit vobis fugere à ventura ira? facite ergo fructus dignos pœnitentiæ, & ne velitis dicere intra vos: Patrem habemus Abraham. Jam enim ſecuris ad radicem poſita eſt.* Il ſe croyoit élevé en grace par deſſus les autres, & le Fils de Dieu lui prédiſoit & à ſes ſemblables, que les Publicains, & les femmes proſtituées les précederoient au royaume des cieux. *Publicani & meretrices præcedent vos in regnum Dei.* Il ſe promettoit déja une place à la table du Seigneur dans le Ciel, & le Seigneur lui prédiſoit qu'il verroit un jour les Gentils qu'il mépriſoit tant, aſſis à ſa table, & que lui avec ſes ſemblables ſeroient chaſſez de la ſalle du banquet, *vos autem expelli foras.* Le Phariſien ne rabattoit rien de ſon orgueil malgré tant de vûës humiliantes, comment donc pouvoit-il n'élevant pas enhaut ſa miſere faire deſcendre en bas la miſericorde? *Aſcendit deprecatio & deſcendit miſeratio.*

6°. Ajoûtez à cela cet eſprit de ſingularité renfermé dans ces paroles, je ne ſuis pas comme le reſte des hommes, *non ſum ſicut cæteri hominum:* car le caractere propre du ſuperbe, c'eſt d'aimer la diſtinction; juſqu'à ne vouloir aucun compagnon, ni égal : *ut unus omnibus antecellat*, dit S. Auguſtin, & de tendre à l'unité, juſqu'à vouloir être ſeul, c'eſt à dire, ſans perſonne qui ne lui cede en rang & en autorité: *habet enim iſta ſuperbia quemdam appetitum unitatis & omnipotentiæ*, continuë ce même Pere. Ainſi nôtre Phariſien ſe mettoit au deſſus de tous les autres hommes : *non ſum ſicut cæteri hominum*, nul n'étoit comparable à lui : ni tous en general, ni aucun en particulier, *ſicut etiam hic Publicanus:* encore s'il eut dit : Je ne ſuis pas comme pluſieurs autres : *diceret ſaltem ſicut multi homines:* mais il prononce hardiment que tous les autres hommes ſans exception ſont des pecheurs, & que lui ſeul eſt juſte, *quid eſt cæteri homines, niſi omnes præter ipſum? Ego, inquit, juſtus ſum, cæteri peccatores:* il tendoit ſecretement à être comme Dieu, un par excellence: car, ſelon l'Ange de l'école, *Deus eſt maximè unus :* & aucun enfant d'Adam ne fut plus que lui atteint de cette maladie du genre humain, de multiplier la divinité, & de lui ravir ſon unité: *eritis ſicut dii.*

SECONDE CONSIDERATION.

LA priere du Phariſien fut rejettée, parce que dans l'acte de la religion où la charité doit le plus reluire, il en fit paroître le moins : en effet les premieres paroles de nôtre Evangile nous montrent bien par avance que nous n'en devons gueres eſperer dans la ſuite: *deux hommes*, dit le Sauveur, montoient au Temple pour prier: *duo homines*; or pour être exaucé il ne faut être qu'un, c'eſt l'unité qui prie, c'eſt l'unité qui impetre. Le Phariſien & le Publicain étoient tres differens l'un de l'autre : ils ne convenoient pas enſemble, & le Seigneur n'a promis de nous exaucer, que quand nous ſerions unis enſemble : quand nous ne ſerions qu'un : *ubi duo conſenſerint.* Ils étoient differens d'eſprits & de mœurs : voilà une multiplicité vitieuſe incompatible avec la charité d'elle-même uniſſante : quoi que proches quant au corps, ils étoient tres-éloignez quant à l'eſprit, quoi qu'aſſemblez quant au lieu, ils étoient ſeparez quant au cœur, ſuivant la maxime de ſaint Auguſtin : *nam ſolemus etiam ita loqui cùm de duobus hominibus dicimus, quando diverſi ſunt mores, iſte longè eſt ab illo : etiam ſi juxta ſteterint, etiamſi una catena colligentur.* L'homme de bien eſt toûjours infiniment éloigné du pecheur, en quelque ſituation qu'il ſe trouve, *longè eſt juſtus ab injuſto.* Quoi qu'aſſis l'un prés de l'autre, le juſte eſt au Ciel, l'impie eſt ſur la terre. C'eſt ainſi que ce celebre Evêque Marc d'Arethuſe pris par les Payens irritez de ce qu'il avoit détruit leur Temple, aprés lui avoir fait endurer mille tourmens, & percer tout le corps avec de petites lancetes, aprés l'avoir oint de miel, élevé dans un rets au plus ardent ſoleil, où il étoit piqué par une infinité de cruelles mouches, il diſoit à ce peuple inhumain preſent à ce ſpectacle : qu'il avoit pitié d'eux, qu'il les regardoit comme rampans ſur la terre, tandis que lui étoit déja élevé vers le Ciel. *Ille ſuſpenſus in ſublimi, ſtilis confoſſus, à veſpis & apibus corroſus, cruciatus illos toleranter ac placidè perpeſſus, impios lepidè irriſit, dixitque eis : eos abjectos eſſe & humi repere, ſe autem erectum & in ſublimi poſitum.* Il n'y a point d'intervale égal à celui qui ſe trouve entre deux hommes, dont l'un a des inclinations baſſes & terreſtres, & l'autre des inclinations ſaintes & celeſtres : dont l'un eſt élevé ſur le faſte de ſon orgueil, comme le Phariſien, & l'autre confus & humilié ſous le poids de ſes pechez comme le Publicain, ſuivant cette expreſſion de ſaint Ambroiſe, *non regionibus, ſed moribus ſeparari, & quaſi interfuſo concupiſcentiæ ſecularis æſtu, divortia habere ſanctorum.*

Le Phariſien ne pouvoit donc pas être exaucé dans la priere par un défaut de Charité.

1°. Il n'étoit pas uni interieurement au Publicain avec lequel il prioit exterieurement : au contraire il faiſoit ſon oraiſon à part. Il ne vouloit pas faire ſa priere en commun avec lui : *ſicut etiam hic Publicanus.* Pouvoit-il marquer plus de dédain & d'éloignement de ſon frere, qu'il en marquoit par ces paroles ? comment donc ſa priere eut-elle été reçûë ? la preſence du Publicain lui fut un nouveau motif d'orgueil, *ecce tibi de propinquo majoris tumoris occaſio :* & une nouvelle occaſion de bleſſer la charité, en inſultant à ſon humilité : *inſuper & roganti inſultare*, dit ſaint Auguſtin. Nous obtiendrons du Seigneur ce que nous demandons, diſoit ſaint Cyprien pour lors dans la perſecution : premierement ſi nos gemiſſemens & nos cris ne ceſſent point de retentir aux oreilles du Seigneur : *petemus & accipiemus, ſi modò pulſent oſtium preces & gemitus & lacrymæ noſtræ quibus inſiſtere & immorari oportet.* En ſecond lieu, pourſuit ce grand Martyr, nous ſerons exaucez, ſi nos prieres ſont unies enſemble par les liens d'une charité ſincere : *& ſi ſit unani-*

mis oratio : car la raiſon qui m'a principalement obligé de vous écrire ces lettres, ajoûte-t-il, aux fidelles affligez, eſt ce qui nous a été revelé de la part de Dieu dans une viſion : *ſcire debetis ſicut Dominus oſtendere & revelare dignatus eſt dictum eſſe in viſione :* que l'on avoit beaucoup déplu au Seigneur, qui ayant dit, demandez & vous obtiendrez, avoit trouvé que ſon peuple étoit partagé de ſentimens, & que les freres n'étoient point d'accord entre eux, qu'ils n'avoient point un même cœur & une même ame dans leurs demandes ainſi que les premiers fidelles : *in petendo autem fuiſſe diſſonas voces, & diſpares voluntates, & vehementer diſplicuiſſe illi qui dixerat : petite & impetrabitis, quod plebis inæqualitas diſcreparet, nec eſſet fratrum conſenſio una & ſimplex & juncta concordia : cùm ſcriptum ſit quòd*, &c.

2°. Le Phariſien bleſſoit encore grievement la charité à l'égard du Publicain, par le jugement temeraire qu'il faiſoit de lui, le reputant un pecheur, & le mettant au rang des adulteres & des voleurs, ſans autre fondement que celui de ſa profeſſion, & de ſon vêtement, peut-être trop riche, quoi que ſa poſture humiliée en faſſe douter : mais enfin le Phariſien devoit penſer qu'il y a des gens de bien en toutes ſortes de profeſſions : & que quelquefois la ſuperbe ſe cache plus dangereuſement ſous un habit negligé que ſous un autre : quelle témerité de condamner ainſi un homme, ſans l'entendre, ſans le connoître, ſur ſon ſeul exterieur ! Saint Jean Baptiſte ne rejetta pas les Publicains comme des gens qui fuſſent hors de la voye de ſalut : il leur enjoignit ſeulement, non de quitter leur emploi, mais de ne rien faire que ce qui leur étoit ordonné : *venerunt autem & Publicani ut baptizarentur, & dixerunt ad illum: Magister, quid faciemus? at ille dixit ad eos: nihil amplius quàm quod constitutum est vobis, faciatis.* Pourquoi donc le Pharisien avoit - il un si grand mépris du Publicain? pourquoi témoignoit - il tant d'aversion & d'éloignement de lui? s'il le croyoit un si grand pecheur, que ne prenoit-il le dessein de travailler à sa conversion? que ne prioit-il pour lui? mais voici une nouvelle observation qui fait voir combien il pechoit contre la charité.

3°. Le discours du Pharisien dans la priere étoit une accusation odieuse contre le Publicain, tout inconnu qu'il lui fût : c'étoit une dénonciation qu'il faisoit des prétendus crimes de son frere au tribunal redoutable du juste Juge : il l'accusoit d'être un voleur, un adultere : *audisti superbum accusatorem*, dit saint Augustin : *audisti reum humilem, audi nunc judicem :* il imitoit le demon, cet esprit calomniateur, cet accusateur des hommes, *accusator fratrum*, ainsi que l'Ecriture l'appelle, qui ne craignit pas de publier que le saint homme Job ne servoit Dieu que par interêt : *numquid Job frustrà timet Deum?*

4°. Mais le Pharisien alloit plus loin, & il manquoit de charité, non seulement à l'égard du Publicain en particulier, mais à l'égard de tout le genre humain en general, accusant le reste des hommes d'être des injustes, des ravisseurs du bien d'autrui, des luxurieux : *non sum sicut cæteri hominum, raptores, injusti, adulteri, sicut etiam Publicanus iste.* Que si les hommes étoient aussi méchans, & lui aussi saint qu'il le croyoit, ne devoit-il pas, non s'indigner contre eux, non

non les accuser, mais gemir devant Dieu de leur dépravation? ne devoit-il pas pleurer sur eux, & dire avec le Prophete, mes yeux ont répandu des torrens de larmes, Seigneur, parce que les hommes ne gardent pas vôtre loi : *exitus aquarum deduxerunt oculi mei, quia non custodierunt legem tuam* : j'ai vû les prévaricateurs violer impunément vos commandemens, ô Seigneur, & j'en ai seché de douleur & d'ennui : *vidi prævaricantes & tabescebam.* Je suis tombé en défaillance, Seigneur, considerant l'audace des pecheurs qui se revoltent contre vous : *defectio tenuit me pro peccatoribus derelinquentibus legem tuam.* Que n'entroit-il dans ces pieux sentimens s'il étoit si saint? que ne prenoit-il l'encensoir de la priere à la main comme un autre Aaron, pour arrêter le cours de la colere de Dieu sur son peuple? que n'imitoit-il Moyse intercedant sans cesse pour les Israëlites dans le desert, & levant continuellement les yeux & les mains au Ciel pour eux? n'avoit-il pas lû dans l'Ecriture que Samuël pria toute la nuit pour Saül? que Jeremie disoit à Dieu : souvenez-vous, Seigneur, que je me suis presenté devant vous pour obtenir misericorde sur les pecheurs, & pour détourner vôtre indignation de dessus leur tête? *memento, quæso, quòd steterim in conspectu tuo ut loquerer pro eis bona, & averterem indignationem tuam ab eis.* Que n'entroit-il dans cet esprit, s'il étoit persuadé que les autres étoient si méchans, & lui si bon? que ne disoit-il à Dieu; Seigneur : donnez à ce Publicain les graces dont vous m'avez favorisé : & ajoûtez à ce que vous m'avez donné, les dons que je n'ai pas encore reçûs. *Domine, dona & Publicano huic quod mihi donasti : supple & mihi quæ nondum dedisti.* C'eût-là été une priere animée par la charité, bien differente de la premiere, dit saint Augustin : quoi faire un jugement témeraire, non du Publicain seulement, mais de tous les hommes, les croire tous coupables d'injustice, de vol, d'adultere : loin de prier pour eux, les detester & les accuser auprés de Dieu, ne vouloir aucune societé avec eux, & se separer d'eux ? qui vit jamais une priere plus opposée à la charité que celle-là ? combien étoit-elle éloignée de celle que le Sauveur du monde fit à l'arbre de la Croix pour tous les pecheurs, même pour ceux qui le crucifioient, plaidant leur cause, si l'on peut s'exprimer ainsi, en alleguant la seule raison qui pouvoit diminuer la grandeur de leur attentat, & disant à son Pere de leur pardonner, parce qu'ils ne sçavoient pas ce qu'ils faisoient: & enfin qui pria jusqu'à crier misericorde pour le salut du genre humain, en s'offrant en sacrifice pour nous, avec une abondante effusion de sang & de larmes, ainsi que nous l'apprend l'Apôtre saint Paul : *cum lacrymis & clamore valido offerens exauditus est pro sua reverentia* : & qui continuant l'exercice de sa charité nous sert encore d'avocat auprés de son Pere dans le Ciel, pour nous obtenir la remission de nos pechez, *advocatum habemus apud Patrem qui interpellat pro nobis.* Tel est le mediateur que je veux, qui m'excuse, & non qui m'accuse : qui me plaigne, & non qui me dédaigne : qui parle pour moi, & non contre moi : qui ait pour moi de la compassion, & non de l'indignation ; mais pour le Pharisien jamais il ne sera le mien ; je suis tres-consolé

non les accuſer, mais gemir devant Dieu de leur dépravation? ne devoit-il pas pleurer ſur eux, & dire avec le Prophete, mes yeux ont répandu des torrens de larmes, Seigneur, parce que les hommes ne gardent pas vôtre loi : *exitus aquarum deduxerunt oculi mei, quia non cuſtodierunt legem tuam* : j'ai vû les prévaricateurs violer impunément vos commandemens, ô Seigneur, & j'en ai ſeché de douleur & d'ennui : *vidi prævaricantes & tabeſcebam.* Je ſuis tombé en défaillance, Seigneur, conſiderant l'audace des pecheurs qui ſe revoltent contre vous : *defectio tenuit me pro peccatoribus derelinquentibus legem tuam.* Que n'entroit-il dans ces pieux ſentimens s'il étoit ſi ſaint? que ne prenoit-il l'encenſoir de la priere à la main comme un autre Aaron, pour arrêter le cours de la colere de Dieu ſur ſon peuple? que n'imitoit-il Moyſe intercedant ſans ceſſe pour les Iſraëlites dans le deſert, & levant continuellement les yeux & les mains au Ciel pour eux? n'avoit-il pas lû dans l'Ecriture que Samuël pria toute la nuit pour Saül? que Jeremie diſoit à Dieu : ſouvenez-vous, Seigneur, que je me ſuis preſenté devant vous pour obtenir miſericorde ſur les pecheurs, & pour détourner vôtre indignation de deſſus leur tête? *memento, quæſo, quòd ſteterim in conſpectu tuo ut loquerer pro eis bona, & averterem indignationem tuam ab eis.* Que n'entroit-il dans cet eſprit, s'il étoit perſuadé que les autres étoient ſi méchans, & lui ſi bon? que ne diſoit-il à Dieu; Seigneur : donnez à ce Publicain les graces dont vous m'avez favoriſé : & ajoûtez à ce que vous m'avez donné, les dons que je n'ai pas encore reçûs. *Domine, dona & Publicano huic quod mihi donasti : supple & mihi quæ nondum dedisti.* C'eût-là été une priere animée par la charité, bien differente de la premiere, dit saint Augustin : quoi faire un jugement téméraire, non du Publicain seulement, mais de tous les hommes, les croire tous coupables d'injustice, de vol, d'adultere : loin de prier pour eux, les detester & les accuser auprés de Dieu, ne vouloir aucune societé avec eux, & se separer d'eux ? qui vit jamais une priere plus opposée à la charité que celle-là ? combien étoit-elle éloignée de celle que le Sauveur du monde fit à l'arbre de la Croix pour tous les pecheurs, même pour ceux qui le crucifioient, plaidant leur cause, si l'on peut s'exprimer ainsi, en alleguant la seule raison qui pouvoit diminuer la grandeur de leur attentat, & disant à son Pere de leur pardonner, parce qu'ils ne sçavoient pas ce qu'ils faisoient : & enfin qui pria jusqu'à crier misericorde pour le salut du genre humain, en s'offrant en sacrifice pour nous, avec une abondante effusion de sang & de larmes, ainsi que nous l'apprend l'Apôtre saint Paul : *cum lacrymis & clamore valido offerens exauditus est pro sua reverentia* : & qui continuant l'exercice de sa charité nous sert encore d'avocat auprés de son Pere dans le Ciel, pour nous obtenir la remission de nos pechez, *advocatum habemus apud Patrem qui interpellat pro nobis.* Tel est le mediateur que je veux, qui m'excuse, & non qui m'accuse : qui me plaigne, & non qui me dédaigne : qui parle pour moi, & non contre moi : qui ait pour moi de la compassion, & non de l'indignation ; mais pour le Pharisien jamais il ne sera le mien ; je suis tres-consolé d'apprendre aujourd'hui, Seigneur, que ſa priere ne vous fut pas agreable, parce qu'elle ne fut pas favorable aux pecheurs : & j'avoüe, ô Sauveur des hommes, que de toutes les qualitez que vôtre amour pour nous vous a attiré ſur la terre, aucune ne m'a jamais touché davantage que celle d'avoir été nommé l'ami des Publicains & des pecheurs : *Publicanorum & peccatorum amicus.* D'ailleurs, comment le Phariſien auroit-il été exaucé, puiſqu'il étoit tout autrement coupable que le Publicain des mêmes pechez qu'il lui imputoit? & pour leſquels il ne croyoit pas que le Publicain fût digne d'être écoûté du Seigneur. Car,

1°. Il s'eſtimoit plus ſaint que le reſte des hommes; *non ſum ſicut cæteri hominum*, & il étoit auſſi orgueilleux que les demons?

2°. Il ſe preferoit au Publicain devant le Seigneur, & le Publicain lui fut preferé par le Seigneur, *deſcendit hic juſtificatus ab illo.*

3°. Il ſe vantoit de ne ravir pas le bien des hommes : *raptores :* & il raviſſoit le bien de Dieu, en s'attribuant la gloire de la juſtification, ouvrage plus excellent que celui-même de la creation : *non ſum, inquit, talis qualis iſte per juſtitias meas, quibus iniquus non ſum*, comme l'obſerve ſaint Auguſtin, pour ne pas dire que les Phariſiens, ſous prétexte de devotion, s'inſinuoient dans les maiſons des riches veuves, & dévoroient leur bien, n'étoit-ce pas être des raviſſeurs d'autant plus déteſtables qu'ils étoient plus impies & plus artificieux? *qui devorant domos viduarum ſimulantes longam orationem.*

4°. Il ſe flatoit de n'être pas injuſte, & il condamnoit le Publicain sur des apparences frivoles & sans l'entendre, il le mettoit au nombre des scelerats sans le connoître : il médisoit de lui & de tous les hommes, les appellant des voleurs, des injustes, des adulteres : *raptores*, *injusti*, *adulteri*; qui jamais a plus cruellement que lui blessé la charité? qui jamais plus que lui a déchiré la réputation du prochain? son injustice alloit plus loin, il usurpoit les droits de Dieu, voulant penetrer le secret des consciences & s'attribuer la qualité de souverain, jugeant tout le genre humain, & prononçant une sentence terrible contre lui.

5°. Il se glorifioit de n'être pas un adultere, & il prostituoit son ame l'épouse du Seigneur dans la foi, au demon de l'orgueil, *sponsabo te mihi in fide:* car ce que la luxure est au corps, l'orgueil l'est à l'esprit: mais quand les Pharisiens, du nombre desquels il étoit, accuserent la femme adultere devant Jesus-Christ, & que ce divin Sauveur leur eut dit que celui d'entre eux qui étoit sans peché, lui jettât la premiere pierre, & qu'ils se retirerent confus, commençant par les plus anciens d'entre eux, ne parut-il pas qu'ils n'étoient pas sans reproche de ce côté-là, puisque même les Publicains & les femmes prostituées devoient les préceder au royaume de Dieu: *Publicani & meretrices præcedent vos in regnum Dei.*

6°. Il se faisoit honneur de son abstinence, il jeûnoit deux fois la semaine des jeûnes de surerogation: jugez s'il gardoit les jeûnes de commandement? je jeûne deux fois la semaine, disoit-il, & il n'avoit pas scrupule de déchirer la reputation du prochain,

& de manger ſes chairs comme s'exprime le Prophete? il jeûnoit de corps & non d'eſprit : ſe laiſſant aller à l'intemperance des vices ſpirituels, & imitant les demons qui ne mangent jamais, & qui pechent toûjours, dit un Pere : *quibus eſca ſemper deeſt, & culpa ſemper adeſt.* Que ſert d'avoir le viſage pâle de jeûne, & l'œil noir d'envie? le corps attenué par l'abſtinence, & le cœur bouffi d'orgueil? dit ſaint Jerôme : *Quid prodeſt tenuari corpus abſtinentia : ſi animus intumeſcit ſuperbia? quid virtutis habet vinum non bibere, & ira, & odio inebriari?* que ſert de ſe priver de vin, & de s'enyvrer de l'eſtime de ſoi-même, & du mépris de ſes freres? de plus les Phariſiens jeûnoient, il eſt vrai, ils paroiſſoient avec un viſage extenué, & décharné, mais c'étoit par oſtentation, & afin d'être regardez comme des ſaints : *exterminant facies ſuas ut appareant hominibus jejunantes.*

7°. Enfin il donnoit ſcrupuleuſement au Temple la dixme de ſes revenus, des moindres fruits, des plus petits legumes, *decimatis omne olus*, & il refuſoit d'immoler au Seigneur ſes convoitiſes, ſon orgueil, ſon avarice, ſon envie, le mépris qu'il faiſoit du prochain, & la haute idée qu'il avoit de lui-même : il refuſoit d'offrir à Dieu le tribut des plus precieuſes vertus : de la foi, de la charité, de la miſericorde, de la patience, de l'humilité, *& reliquiſtis quæ graviora ſunt legis, judicium, miſericordiam, fidem, charitatem!* Ah combien cette pauvre veuve de l'Evangile étoit-elle plus liberale & plus religieuſe, elle ne donna que deux oboles, l'une pour obtenir la remiſſion de ſes pechez, l'autre pour marquer ſa pieté envers Dieu?

mais le Pharisien ne présente ses grands dons à l'Autel que pour se mettre lui-même sur l'Autel, & s'attirer l'encens de l'estime & des loüanges humaines.

TROISIE'ME CONSIDERATION.

Que si la priere du Pharisien fut rejettée, parce qu'elle étoit dépourvûë d'humilité & de charité : nous pouvons bien ajoûter qu'elle devoit l'être encore par un défautde religion : jamais personne ne parut en avoir moins dans cet exercice de pieté qui en exige tant, & dans lequel on doit marquer à Dieu une veneration profonde, un respect infini, & en un mot lui rendre le culte supreme dû à son adorable majesté.

Commençons par sa posture exterieure : il s'approcha du saint Autel, & il s'y tenoit droit : *Pharisæus stans :* car quoi que le Publicain se tint aussi debout dans sa priere, cependant le texte sacré disant, qu'il se tenoit loin, *à longè stans*, sans oser lever les yeux au Ciel, & l'opposant à la posture, & au maintien du Pharisien, d'ailleurs plein d'orgueil, & de confiance en sa sainteté, fait bien voir que celui-ci s'avança hardiment dans la place du Temple la plus honorable, & la plus apparente, & cela avec un air présomptueux : *in medio consistens*, dit saint Hilaire : de plus, il se tenoit droit, *stans*, par une nouvelle raison que l'Evangile nous apprend ailleurs, c'est à dire, pour se faire voir, remarquer, & admirer des spectateurs : *cùm oratis non eritis sicut hypocritæ qui amant stantes orare ut videantur.* Ainsi la disposition interieure du Pharisien nous est l'interprete fidele de sa situation exterieure. Ce Docteur si sçavant dans la loi ne sçavoit-il pas qu'Abraham quand il prioit commençoit par reconnoître qu'il n'étoit que cendre & poussiere devant Dieu, & qu'il tomboit la face contre terre en sa présence, *cecidit Abraham pronus in faciem.* Moïse n'imitoit-il pas parfaitement ce saint Patriarche, & ne lisons nous pas ces mêmes paroles en plusieurs endroits: *Moyses cecidit pronus in faciem:* dans quelle humiliation le saint Roi David ne paroissoit-il pas devant le Seigneur, lorsque collé contre le pavé du lieu saint, il lui disoit: *adhæsit pavimento anima mea, vivifica me secundùm verbum tuum.* Tobie ne demeura-t-il pas trois heures de suite la face dans la poussiere plein d'une sainte frayeur en la présence du Seigneur: *prostrati per horas tres in faciem.* Enfin tous les plus grands Saints se sont le plus abbaissez devant le souverain Createur, & ces esprits sublimes qui portent la machine de l'univers se courbent devant lui: *sub quo curvantur qui portant orbem.* Que dire du Saint des Saints, de Jesus-Christ même prosterné dans le jardin des Olives & priant son Pere, *positis genibus orabat, procidit super terram in faciem suam orans.* Cependant le Pharisien superbe se tient droit & debout, la tête levée prés du lieu saint & plein d'une vaine confiance en lui-même, *in se confidebant tanquam justi.*

2°. Il ne nommoit pas le Seigneur d'une maniere assez respectueuse: *Deus gratias ago tibi:* il n'ajoutoit aucun terme de veneration, d'amour, de respect, de crainte, d'admiration. Il étoit plus éclairé que le Publicain, & ce que l'un faisoit avec un interieur orgueilleux, l'autre le faiſoit auſſi, mais avec un interieur humilié, & c'eſt ce dedans du cœur que Dieu regarde, & qui donne le prix aux actions exterieures, qui d'elles-mémes ſont quelquefois équivoques : de là vient que le Phariſien avec toute ſa doctrine fut rejetté, & le Publicain moins ſçavant, mais plus humble, fut écoûté, dit S. Auguſtin : *meritò autem ille laudator ſui repudiatus abſceſſit à facie Dei : qui cum ipſo nomine etiam peritiam legis præferret.*

3°. Il ne donne aucune loüange à Dieu, il ne charme pas ſa colere, ou ſa bonté par des cantiques amoureux & tendres : ce n'eſt qu'à ſoi-même qu'il donne de l'encens, il fait le panegyrique de ſes vertus, au lieu d'exalter & de publier les perfections du Seigneur, il ſe vante d'être juſte, chaſte, abſtinent, de vivre exempt des vices & des pechez où le reſte des hommes s'abandonne : mais il ne publie point que Dieu eſt grand, qu'il eſt bon, qu'il eſt éternel, immenſe, infini, tout-puiſſant, ſaint, juſte, miſericordieux; il ne prie pas, dit ſaint Hilaire, il harangue : *ſermocinabatur :* il ne prie pas, il prêche, ajoûte ſaint Auguſtin : *prædicabat in templo, non orans ut exaudiretur :* il parle haut, comme ſi Dieu ne l'eût pas entendu s'il n'eût prié que dans ſon cœur, ou qu'à voix baſſe : *non ſilentio, ſed voce clamabat :* & avec raiſon, continuë ce Saint : car celui qui vouloit être vû & entendu des hommes, devoit craindre que Dieu ne fût ſourd à ſa voix : *& appareret eum non divinis auribus loqui, qui & ab hominibus vellet audiri.* Il racontoit à Dieu ſes bonnes œuvres, comme ſi Dieu les eût ignorées ou oubliées : *juſtitias ſuas tanquam neſcienti Domino recolebat.* Et il parloit haut, & encore un coup, il élevoit ſa voix en priant, *non ſilentio, ſed voce clamabat*, afin que tout le monde fût informé de ſa pieté.

4°. Il eſt plein, il ne demande rien, & par-là il n'honore pas la puiſſance, la magnificence, la charité, les richeſſes du Createur, il declare tacitement qu'il n'a pas beſoin de lui, puiſqu'il n'a beſoin d'aucun bien : peut-on plus deshonorer cette infinie bonté?

5°. Il admire ſa ſainteté, au lieu d'adorer celle de Dieu, & d'imiter les Seraphins, qui ne pouvant ſupporter l'éclat de cet attribut majeſtueux, voilent leurs yeux de leurs aiſles, & dans un divin tranſport s'écrient ſans ceſſe, Saint, Saint, Saint eſt le Seigneur le grand Dieu des armées : ſeul ſaint, ſeul juſte, ſeul puiſſant, ſeul bon, ſeul adorable. Le Phariſien au contraire ſe regarde comme l'Auteur & l'ouvrier de ſa propre ſanctification, ainſi que les Peres le découvrent dans ſes faſtueuſes paroles : *Non ſum talis, inquit, qualis Publicanus, per juſtitias meas quibus iniquus non ſum.* Il s'appuye ſur lui, ſans conſiderer qu'il eſt le plus foible des roſeaux. *Fruſtra nititur qui non innititur.* Il regarde ce qu'il a, & non ce qui lui manque : *nihil rogat, plenus eſt : nihil ſibi addi cupiebat* : il ſe croit plus ſaint que les autres, & il l'eſt moins qu'un Publicain. Il ſe compare aux plus méchans, & non à ceux qui ſont meilleurs que lui ; il a quelques œuvres exterieures, & il eſt dénué des vertus interieures ſans leſquelles les exterieures ſont de nulle valeur : il ſe croit plus de mérite qu'il n'en a : il eſt content de lui-même, & comme s'il étoit arrivé au terme, il ne demande ni la remiſſion de ſes pechez, ni la guériſon de ſes playes, ni la mortification de ses convoitises, ni l'accroissement de ses vertus, ni l'augmentation de la grace, ni la concession de la gloire qu'il se croyoit toute acquise, nommé à bon droit par saint Ambroise, *Præsumptor gloriæ*. Tout cela paroît dans ses paroles attentivement meditées. Mais en même-temps que nous déplorons l'aveuglement du Pharisien, gemissons sur le nôtre, & faisons ces importantes reflexions.

1°. Si celui qui prie dans le Temple avec attention, & s'y tenant debout, n'est pas écouté; que sera-ce de celui qui ne prie pas à l'Eglise, qui s'y laisse aller à mille pensées vaines, frivoles, mauvaises, impures? qui s'y tient assis, ou dans une posture encore plus immodeste? dans l'ancienne Loi le Pontife, & le Roi étoient seuls en droit de s'asseoir dans le Temple: & le grand Constantin le premier & le modelle des Princes Chrétiens, n'écoutoit que debout la parole de Dieu, quelque instance que les Evêques lui fissent de s'asseoir: que dire donc de celui qui se tient devant le Seigneur dans un état si indecent qu'il ne voudroit pas paroître ainsi devant le Pontife ou le Roi? que dire de celui qui s'y entretient de choses prophanes, & de qui tout l'exterieur, les gestes & les regards ne sont propres qu'à scandaliser ceux qui sont présens au plus redoutable de nos mysteres? que dire de ceux qui n'y viennent presque point, & qui ne donnent que tres-peu de marques de religion, & que tres-peu de temps à la priere?

2°. Si celui qui n'étoit ni injuste ni voleur, ni Publicain, est rejetté: que sera-ce de celui qui convoite le bien d'autrui, qui le prend, qui le garde, qui le détient, qui s'en s'enrichit par des voyes iniques?

3°. Si celui qui n'eſt pas luxurieux eſt perdu : que deviendront tant de ſenſuels & d'impudiques, qui s'abandonnent ſans retenuë ni crainte de Dieu à ce crime deteſtable?

4°. Si celui qui jeûne deux fois la ſemaine, & qui donne la dixiéme partie de ſes revenus en œuvres pieuſes, ne laiſſe pas d'être exclu du ſalut : que deviendront les gourmans, & les yvrognes, ceux qui n'ont point d'autre Dieu que leur ventre, qui conſument tout leur bien en débauches, & qui durs envers les pauvres, ne font ni aumônes ni charitez? qui laiſſent perir les miſerables de faim & de ſoif, ſans les ſoulager; languir les malheureux dans les priſons, ſans les viſiter; gemir les malades dans des galetas ſans les conſoler? qui violent impunément les jeûnes d'obligation, loin d'en faire de ſurerogation; qui voyent les Egliſes dépoüillées des plus neceſſaires ornemens pour le culte divin, auſquels ſouvent ils ſont même tenus de contribuer par juſtice, tandis qu'ils ſont dans des palais magnifiques, & qu'ils n'ont aucun ſentiment de zele, ni de religion là-deſſus? ſi le Phariſien eſt reprouvé, que deviendrons-nous? que deviendront ceux qui joignent à l'orgueil de ce Phariſien & à ces autres vices ſpirituels qui nous ſont communs avec les demons, les vices charnels du Publicain, & les inclinations ſenſuelles qui nous ſont communes avec les animaux les plus immondes? nous avons les deffauts de ces deux hommes, & nous n'avons pas leurs vertus : mais paſſons de ces conſiderations si humiliantes aux vûës religieuses que nous fournit le Publicain.

QUATRIE'ME CONSIDERATION.

Nous avons vû dans le Pharisien ce que nous devons éviter, nous allons voir dans le Publicain ce que nous devons imiter : l'orgueil a fait tomber du Ciel le Pharisien, l'humilité a élevé au Ciel le Publicain : *humilitas Publicani magna exaltatio fuit : Exaltatio Pharisæi magna humiliatio fuit.* Le Pharisien invité aux noces osa prendre la premiere place, & fut contraint de descendre avec honte à la derniere : le Publicain s'étant mis à la derniere, eut le bonheur d'être élevé à la premiere. Le Pharisien ne voyoit que ses vertus, & n'appercevoit pas ses vices : *jactabat Pharisæus merita sua, tegebat vulnera sua.* Le Publicain ne voyoit pas ses vertus, & ne découvroit que ses playes : *non jactabat Publicanus merita, sed offerebat vulnera.* Le Pharisien rempli de ses mérites se presentoit à Dieu, comme à un juste remunerateur ; le Publicain abbatu de ses crimes, se présentoit au Seigneur comme à un charitable medecin : *ad medicum venerat, sciebat se languidum, sciebat se sanandum.* Il étoit severe à lui-même, afin que Dieu lui fût misericordieux : il ne se pardonnoit rien, afin que Dieu lui pardonnât tout : *sibi non parcebat, ut ille parceret.* Il se souvenoit de ses crimes, afin que Dieu les oubliât : il connoissoit sa faute, afin que Dieu ne la connût pas : *ille se agnoscebat, ut Deus ignosceret.* Il se punissoit lui-même, afin que Dieu ne le punît pas, *Se puniebat, ut Deus liberaret* : le Phariſien aſſuré avec l'énumeration de ſes vertus, eſt rejetté : le Publicain tremblant avec la confeſſion de ſes pechez, eſt reçu : *Phariſæus meritorum enumeratione ſecurus rejicitur, Publicanus peccatorum confeſſione ſollicitus recipitur.* Toutes ces pieuſes penſées ſont de Saint Auguſtin.

1°. Eloigné de l'Autel, & au bas du Temple, *ſtans à longè*, il ſe traitoit comme un prophane, ſe jugeant indigne d'approcher des choſes ſacrées : loin de ſe croire en état d'y participer, il ſe tenoit debout en ce lieu reculé, *ſtans*, craignant à tout moment, qu'on n'allât le mettre dehors, & lui dire : *Amice, quomodo hùc intraſti?* malheureux, comment avez-vous l'audace d'entrer ici? aprés avoir ſoüillé le ſanctuaire de vôtre cœur, prétendez-vous encore ſoüiller ce ſanctuaire exterieur? qu'eſt devenuë la ſanctification que vous aviez ici reçûë, & qui de l'Autel étoit émanée ſur vous? que devez-vous attendre aprés un ſi grand ſacrilege? de ſemblables reproches de ſa conſcience criminelle, le faiſoient tenir écarté, *erat autem Publicanus in ſecreto orans*, dit ſaint Hilaire : & la penitence renouvelloit en lui les ſentimens de foi, d'eſperance, & de crainte, comme des diſpoſitions à ſa juſtification prochaine.

2°. Confus & humilié il ne veut pas ſeulement lever en haut ſes yeux coupables de tant de regards mauvais, immodeſtes, curieux paſſionnez : dans leſquels le feu de l'orgueil, de la convoitiſe, de la colere, des deſirs déreglez avoit ſi ſouvent éclaté : il ne vouloit pas les lever au Ciel, témoin de ſes deſordres & de ſon injuſtice, il rougiſſoit de lui avoir préferé la terre, c'eſt à dire les biens de ce monde à ceux de l'autre, la creature au createur, le temps à l'éternité; d'avoir perdu un ſi riche heritage pour lequel il étoit fait : il en avoit détourné-là vûë quand il avoit péché, il n'oſe le regarder quand il ſe repent de ſon peché, crainte d'y voir ce juge ſevere qui ne peut ſouffrir le peché : il regarde preſentement la terre d'un autre œil : il ne penſe qu'à la mort, qu'il n'eſt que poudre & qu'il retournera en poudre. *Nolebat nec oculos ad cœlum levare :* mais parce qu'il n'oſe regarder le Ciel, il merite d'être regardé du Ciel, dit ſaint Auguſtin : *ut reſpiceretur reſpiciebat :* parce qu'il n'oſe s'élever vers le Ciel, il merite que le Ciel s'abbaiſſe vers lui, ajoûte ſaint Bernard : *Publicanus dum non auderet oculos ad cœlum levare, ipſum cœlum ad ſe potuit inclinare.*

3°. Indigné contre lui-même, il frappe ſa poitrine comme pour ſe punir de tant de deſſeins criminels que ſon cœur a conçûs : & de tant d'iniquitez renfermées juſqu'alors dans le ſecret de ſa conſcience : ne craignant point de ſe montrer à l'exterieur, tel qu'il étoit dans l'interieur : c'eſt à dire, un malheureux pecheur indigne de tout pardon, qui ne pouvoit & ne devoit ſe prendre qu'à lui-même de ſes deſordres, & declarant qu'il étoit ſeul coupable & ſans excuſe, n'ayant rien à alleguer pour ſa défenſe ; & qu'il n'y avoit point de châtimens qu'il ne meritât : il ſe joignoit par avance au juſte juge, & à la Sentence qu'il prononceroit contre lui : *contemplabatur namque diſtrictionem venturi judicis ſui, & jam eidem judici concordans, puniebat in lacrymis reatum facinoris ſui*, comme s'exprime ſaint Gregoire : *percutiebat pectus ſuum*, il frappe ſa poitrine, témoignant par-là, combien il avoit de pe-

ſien aſſuré avec l'énumeration de ſes vertus, eſt rejetté : le Publicain tremblant avec la confeſſion de ſes pechez, eſt reçu : *Phariſæus meritorum enumeratione ſecurus rejicitur, Publicanus peccatorum confeſſione ſollicitus recipitur.* Toutes ces pieuſes penſées ſont de Saint Auguſtin.

1°. Eloigné de l'Autel, & au bas du Temple, *ſtans à longè*, il ſe traitoit comme un prophane, ſe jugeant indigne d'approcher des choſes ſacrées : loin de ſe croire en état d'y participer, il ſe tenoit debout en ce lieu reculé, *ſtans*, craignant à tout moment, qu'on n'allât le mettre dehors, & lui dire : *Amice, quomodo hùc intraſti?* malheureux, comment avez-vous l'audace d'entrer ici? aprés avoir ſouïllé le ſanctuaire de vôtre cœur, prétendez-vous encore ſouïller ce ſanctuaire exterieur? qu'eſt devenuë la ſanctification que vous aviez ici reçûë, & qui de l'Autel étoit émanée ſur vous? que devez-vous attendre aprés un ſi grand ſacrilege? de ſemblables reproches de ſa conſcience criminelle, le faiſoient tenir écarté, *erat autem Publicanus in ſecreto orans*, dit ſaint Hilaire : & la penitence renouvelloit en lui les ſentimens de foi, d'eſperance, & de crainte, comme des diſpoſitions à ſa juſtification prochaine.

2°. Confus & humilié il ne veut pas ſeulement lever en haut ſes yeux coupables de tant de regards mauvais, immodeſtes, curieux paſſionnez : dans leſquels le feu de l'orgueil, de la convoitiſe, de la colere, des deſirs déreglez avoit ſi ſouvent éclaté : il ne vouloit pas les lever au Ciel, témoin de ſes deſordres & de ſon injuſtice, il rougiſſoit de lui avoir préferé la terre, c'eſt à dire les biens de ce monde à ceux de l'autre, la creature au createur, le temps à l'éternité; d'avoir perdu un si riche heritage pour lequel il étoit fait : il en avoit détourné-là vûë quand il avoit péché, il n'ose le regarder quand il se repent de son peché, crainte d'y voir ce juge severe qui ne peut souffrir le peché : il regarde presentement la terre d'un autre œil : il ne pense qu'à la mort, qu'il n'est que poudre & qu'il retournera en poudre. *Nolebat nec oculos ad cœlum levare :* mais parce qu'il n'ose regarder le Ciel, il merite d'être regardé du Ciel, dit saint Augustin : *ut respiceretur respiciebat :* parce qu'il n'ose s'élever vers le Ciel, il merite que le Ciel s'abbaisse vers lui, ajoûte saint Bernard : *Publicanus dum non auderet oculos ad cœlum levare, ipsum cœlum ad se potuit inclinare.*

3°. Indigné contre lui-même, il frappe sa poitrine comme pour se punir de tant de desseins criminels que son cœur a conçûs : & de tant d'iniquitez renfermées jusqu'alors dans le secret de sa conscience : ne craignant point de se montrer à l'exterieur, tel qu'il étoit dans l'interieur : c'est à dire, un malheureux pecheur indigne de tout pardon, qui ne pouvoit & ne devoit se prendre qu'à lui-même de ses desordres, & declarant qu'il étoit seul coupable & sans excuse, n'ayant rien à alleguer pour sa défense ; & qu'il n'y avoit point de châtimens qu'il ne meritât : il se joignoit par avance au juste juge, & à la Sentence qu'il prononceroit contre lui : *contemplabatur namque districtionem venturi judicis sui, & jam eidem judici concordans, puniebat in lacrymis reatum facinoris sui*, comme s'exprime saint Gregoire : *percutiebat pectus suum*, il frappe sa poitrine, témoignant par-là, combien il avoit de pechez renfermez au dedans de lui-même ; dit S. Cyprien : *ut peccata intus clauſa teſtaretur.* Combien il eût voulu briſer ſon cœur par la douleur, châtier ſa chair par la peine , détruire le peché par ſes larmes : dit S. Auguſtin : *ut peccata contereret, ut à ſe pœnas exigeret.*

3°. Plein de mépris de lui-même & d'eſtime du prochain, il regardoit le Phariſien, non avec dedain, ainſi que le Phariſien l'avoit regardé, mais avec veneration : il le conſideroit comme un ami de Dieu , qui converſoit familierement avec le Seigneur dans l'oraiſon, qui lui donnoit des loüanges & qui en recevoit des graces : car la priere du Publicain paroît viſiblement avoir relation à celle du Phariſien , & il ſemble qu'ils liſoient dans l'interieur l'un de l'autre , quoi qu'ils ſe trompaſſent tous deux en un ſens : le Phariſien en jugeant mal du Publicain : le Publicain en jugeant bien du Phariſien : qui loin de prétendre aux grandes faveurs dont il croyoit que le Phariſien étoit avantagé , ni de les lui envier , s'eſtimoit trop heureux de pouvoir obtenir la remiſſion de ſes fautes : & il ne demandoit que cela : Seigneur, diſoit-il dans l'humiliation de ſon cœur, ſoyez-moi propice à moi pauvre pecheur : *Deus propitius eſto mihi peccatori :* peu de paroles, mais qui renferment de grandes choſes : l'aveu du crime, la demande du pardon, l'infuſion de la grace : ou la confeſſion de la bouche , la contrition du cœur, la ſatisfaction de l'œuvre : *cordis contritio : oris confeſſio : operis ſatisfactio :* en quoi conſiſte toute l'économie de la juſtification du pecheur ! ô Seigneur , diſoit-il, ſoyez-moi propice à moi pauvre pecheur : à moi qui bien éloigné des pieux ſentimens du Pharisien, reconnois être sans merite, sans vertu, sans bonnes œuvres : à moi qui ne fonde mon esperance uniquement que sur vôtre misericorde & sur vôtre bonté : à moi qui n'ai rien à vous offrir qu'un cœur affligé, contrit, humilié : employez-la, Seigneur, cette bonté pour guérir mes foiblesses : suspendez la rigueur de vôtre justice, qui vous demande le chatiment de mes crimes : ne perdez point le pecheur en détruisant son peché : car me considerant comme votre ennemi, j'ai pris votre parti contre moi-même, j'ai resolu d'abandonner ma cause, & de ne vous plus parler, Seigneur, que de mes ingratitudes & de vos misericordes : traitez-moi, Seigneur, comme un malade, & ne me punissez pas comme un rebelle, puisque le repentir de mes fautes, m'a fait tomber des mains les armes que j'avois prises contre vous : vôtre bonté seule peut toucher mon cœur, comme mes larmes seules peuvent toucher le vôtre : ma creation a été l'ouvrage de vôtre puissance, que ma conversion soit l'ouvrage de vôtre grace : que vôtre crainte refrene l'indocilité de mes passions, & que vôtre douceur charme l'inconstance de mes desirs : & faites, Seigneur, qu'aprés avoir soûmis mon esprit à vos loix, je puisse soumettre ma chair à celles de mon esprit. O Seigneur, s'écrie saint Augustin, tout grand que vous êtes, vous n'avez point de trône qui vous soit plus précieux, ni que vous aimiez davantage, qu'une ame humble ! *ô quàm exelsus es Domine! sed humiles cordè sunt sedes tuæ.* Le Pharisien étoit venu riche, & orné, il s'en va pauvre & dénué : le Publicain étoit venu pauvre & dénué, il s'en va riche & orné.

orné. Car s'il étoit encore pauvre & indigent, s'il n'avoit un treſor dans le cœur, où prendroit-il ces perles precieuſes qui ſortoient de ſa bouche : *nam ſi adhuc pauper erat, hujus confeſſionis gemmas unde proferebat?* dit ſaint Auguſtin. Le Phariſien, ce prétendu ſaint, ſe retire chargé des vices du Publicain, le Publicain, ce pauvre pecheur, ſe retire orné des vertus du Phariſien. *Publicanus in corde contrito qui accuſator accipitur, & obtinet veniam de confeſſis peccatis propter gratiam humilitatis: ſancto illo Phariſæo reportante ſarcinam peccatorum de jactantia ſanctitatis*, continuë ce même Pere. La priere du Phariſien fut rejettée à cauſe de ſon orgueil: la priere du Publicain fut exaucée à cauſe de ſon humilité. L'on voit dans ces deux hommes le caractere des deux peuples qui devoient venir tour à tour dans le Temple adorer le Seigneur. Le Phariſien figuroit le peuple Juif qui s'eſt perdu par ſa préſomption : le Publicain figuroit le peuple Chrétien qui s'eſt ſauvé par la componction. Mais helas ! quelques-uns ont la ſuperbe du Phariſien, & n'en ont pas les bonnes œuvres : d'autres ont les mauvaiſes œuvres du Publicain, & n'en ont pas la contrition : joignons ces deux choſes enſemble, mes freres, ayons les bonnes œuvres du Phariſien & l'humiliation du Publicain : ne ſoyons ni avares, ni injuſtes, ni ſenſuels : ſoyons chaſtes, ſobres, miſericordieux, humbles : donnons l'aumône, viſitons les priſonniers, pardonnons à nos ennemis, rempliſſons ces pieux devoirs, animons toutes nos actions d'un interieur droit, & quand nous aurons fait toutes ces choſes avec le Phariſien, diſons à Dieu avec le Publicain : Seigneur, ſoyez-nous propice à nous pauvres pecheurs. Nous sommes des serviteurs inutiles, *servi inutiles sumus*, & croyons ce que nous dirons. Car croire n'avoir rien fait, quand on a fait de grandes choses, est une plus grande chose, que les grandes choses qu'on croit avoir faites, dit saint Chrisostome; & croire avoir fait de grandes choses avec le Pharisien, est une chose plus mauvaises, que de croire de n'en avoir fait que de mauvaises avec le Publicain, dit saint Augustin, *ille superbus erat in bonis factis, ille humilis in malis factis: videte, fratres, magis placuit Deo humilitas in malis factis, quàm superbia in bonis factis.*

Septembre 1706.

PRIVILEGE DU ROY.

LOUIS PAR LA GRACE DE DIEU, ROY DE FRANCE ET DE NAVARRE ; A nos amez & feaux Conseillers les gens tenans nos Cours de Parlement, Maistres des Requestes ordinaires de nôtre Hôtel, Grand-Conseil, Prevost de Paris, Baillys, Senechaux, leurs Lieutenans Civils, & autres nos Justiciers qu'il appartiendra ; SALUT. Le Sieur DE LA CHETARDIE Curé de saint Sulpice, Nous ayant fait remontrer qu'il desireroit donner au Public un Livre de sa composition, intitulé, *Homelies sur les Dimanches & autres jours de l'année, tant en Latin qu'en François* ; s'il nous plaisoit luy accorder nos Lettres de Privilege sur ce necessaires : Nous luy avons permis & permettons par ces Presentes, de faire imprimer ledit Livre en telle forme, marge, caractere, & autant de fois que bon luy semblera ; & de le faire vendre & debiter par tout nôtre Royaume, pendant le temps de cinq années consecutives, à compter du jour de la datte desdites presentes ; Faisons défenses à toutes sortes de personnes de quelque qualité & condition qu'elles puissent estre, d'en introduire d'impression étrangere dans aucun lieu de nôtre obéissance ; & à tous Imprimeurs-Libraires & autres, d'imprimer, faire imprimer, & contre-faire ledit Livre, en tout ni en partie, sans la permission expresse & par écrit dudit Sieur Exposant, ou de ceux qui auront droit de luy ; à peine de confiscation des exemplaires contrefaits, de quinze cens livres d'amende contre chacun des contrevenans, dont un tiers à nous, un tiers à l'Hôtel-Dieu de Paris, l'autre tiers audit Sieur Exposant, & de tous dépens, dommages & interests ; à la charge que ces Presentes seront enregistrées tout au long sur le Registre de la Communauté des Imprimeurs & Libraires de Paris, & ce dans trois mois de la datte d'icelles : Que l'impression dudit livre sera faite dans nôtre Royaume & non ailleurs, & ce en bon papier

& en beaux caracteres, conformément aux Réglemens de la Librairie ; & qu'avant de l'exposer en vente, il en sera mis deux exemplaires dans nôtre Bibliotheque publique, un dans celle de nostre Chasteau du Louvre, & un dans celle de nôtre tres-cher & feal Chevalier Chancelier de France, le Sieur Phelyppeaux, Comte de Pontchartrain, Commandeur de nos ordres. Le tout à peine de nullité des Presentes, du contenu desquelles, vous mandons & enjoignons de faire joüir l'Exposant, ou ses ayans cause, pleinement & paisiblement, sans souffrir qu'il leur soit fait aucun trouble ou empêchement : Voulons que la copie desdites qui sera imprimée au commencement ou à la fin dudit Livre, soit tenuë pour dûëment signifiée, & qu'aux copies collationnées par l'un de nos amez & Feaux Conseillers & Secretaires, foy soit ajoûtée comme à l'original : Commandons au premier nôtre Huissier ou Sergent, de faire pour l'execution d'icelles, tous actes requis & necessaires, sans demander autre permission, & nonobstant clameur de Haro, Chartre Normande & Lettres à ce contraires : CAR tel est nôtre plaisir. DONNÉ à Versailles le vingtiéme jour de Fevrier, l'an de Grace mil sept cens six, & de nôtre Regne le soixante-troisiéme. Par le Roy en son Conseil, LE COMTE.

Registré, ainsi que la Cession, sur le Registre de la Communauté des Libraires & Imprimeurs de Paris, page 78. *Numero* 161. *conformément aux Réglemens, & notamment à l'Arrest du Conseil du* 13. *Aoust* 1703. *A Paris le* 26. *Fevrier* 1706.

Signé, GUERIN, Syndic.

Ledit Sieur Curé a cedé son droit au present Privilege à Raymond Mazieres, Marchand Libraire, pour en joüir en son lieu & place.